# 양철지붕을 사야겠다

유종인 시집

시인동네 시인선 040                    유종인 시집

## 양철지붕을 사야겠다

시인동네

**시인의 말**

여기 없거나 멀어진 것들을 불러볼 때가 있다.
가만히 예전에 없던 마음을 데려올 때가 있다.

2015년 가을 정발산 자락에서
유종인

## 양철지붕을 사야겠다

### 시인의 말

차례

**제1부 궁합**

궁합 · 13
물총 · 14
나무 · 17
잔챙이 토란 · 18
산매(山梅) · 20
새들의 시간표 · 22
소나무와 영정사진과 폭설과 달밤에 대하여 · 24
까마귀 · 26
성곽의 돌 · 28
앵두 · 30
돌 밑의 손 · 32
솔가리 방석 · 34
부럼 · 36
산길 샛길 · 38
숲의 방랑자 · 40
박쥐 · 42
태풍과 머리카락 · 44

역사(力士) · 46

산성을 가리키다 · 48

리무진을 보내다 · 50

산벚나무 아래 · 53

나무를 붙잡다 · 54

소나무와 무덤과 잔디 씨 · 56

도라지밭 반 평 · 58

## 제2부 연리지

초가을 · 63

연리지(連理枝) · 64

청설모가 준 시 · 66

가뭄 · 68

나무 인상 사전 · 70

붉은머리오목눈이 · 72

대지의 등을 긁게 되다 · 75

저녁의 포석 · 76

새소리 값을 주러 갔다 · 78

바람을 마시다 · 80

물집 · 82

외팔이 장사 · 84

버드나무에게로 · 86

주문 · 88

가마우지 · 90

남루의 빛 · 92

연리지(連理枝) 2 · 93

## 제3부 천둥과 밥

심정 · 97

천둥과 밥 · 98

벼루를 놓치다 · 100

기저귀 기적 · 102

햇 접시 · 104

품 · 106

가을 침대 · 108

가을 심장 · 110

양철지붕을 사야겠다 · 112

새소리를 씹다 · 114

비 맞은 자전거를 끌고 · 117

시래기 전망 · 118

밤의 여로 · 120

점심(點心) · 122

환생 · 124

낡은 마룻바닥 밑의 무덤 · 126

산밤 · 128

산벚나무꽃 · 129

단풍 낚시 · 130

구름들 · 132

로드킬 · 133

**해설** 음양오행의 교향을 청음하는 무심결의 시학
    장은석(문학평론가) · 135

# 제1부 궁합

## 궁합

세상에 나와 맞는 게 정말 있을까
때 아닌 걱정을 하게 됐을 때
전통 정원 뒤편의 대숲이 눈에 들어찬다
바람에 비스듬히 누웠다
다시 일어서는 푸르른 마디들
뿌리에서부터 마디의 간격은 넓어진다
그중에 내 손 한 뼘에 딱, 맞는
대나무 마디도 있으리라
나의 한 뼘과 대나무 한 마디의 그 맞춤을
수평선이라 부를까
지평선이라 부를까
하늘과 땅, 하늘과 바다
서로 마음이 몸을 포개오는 마중을
기다려온 그대여
내 말 한 마디에 온 마음이 열리는 속도여
느리지도 빠르지도 않은
아무 섭섭할 거 없는 세월의 눈총이여

# 물총

물총으로 대기한다
삼엄해지는 세계의 변방 한 귀퉁이에
나의 여름은 물총으로 대기한다

여름을 부르던 봄비가
후미진 꽃밭 흔들리는 족두리꽃의 그림자를 적셔
나머지 모란과 작약을 불러내느라
무너진 꽃밭에 한나절 물총으로 속살거렸다

세계는 몸을 찢고 태워 녹여 없애는 막강의 불꽃들을
축제 폭죽처럼 터뜨리는 증오의 라운드인데
나의 여름은 물총으로 대기한다
대적할 수 없음으로
나는 승패를 나눌 수 없는 대기자,
후덥지근한 세계의 날씨들 그 대기(大氣)를 향해
단발의 빗줄기만 날린다
찡그린 여름의 얼굴이 활짝 웃음으로 피었다
여름이 가면

나의 아쉬움은 그 계곡에 바위 그늘로 어른거렸다

가을이
노숙의 벤치에 가까이 오면 나는
물총이 놓일 자리의 적막함을 살핀다
세계 도처 불타는 시신들이 연기를 피워 올릴 때
가만히 물줄기를 쏘아대며 환해지는 먹구름들,
물을 반쯤 채우고 떠도는 하늘의 물총들
그대 무릎을 쏘아 적시고
그대 뺨을 쏘아 목줄기를 타고 가슴골로 모이는
한때 사랑의 격류였던 물의 서늘함은
다시 세계의 바닥을 적신다

그대 몰라보게 파리해지는 입술, 떨어지는 단풍들
미끄러지는 거울 같은 빙판 위에
어떤 설레임과 환희를 포장하는 눈송이들
아마 그렇겠지
내가 노란 오줌발로 더러워진 눈더미를 녹일 때

아 골똘해지는 내 몸 안의 물총이여
부르르 진저리를 치며 세계를 추스르는 이 한 몸 나는
사철 물총으로 대기한다

# 나무

숲가의 저 나무들
고요를 격동시키는 잎잎의 수런거림들
하나의 흔들림 속에
천수(千手)가 넘나든다

나무는
유심함을 다 알아버린 무심결이다

## 잔챙이 토란

아파트 화단에 작은 잎의 토란이 흔들렸다

유독 이파리가 작아서
누구는 토란이 아니라며
다른 이름을 어물거리다 갔지만
잎이 넓어서 하늘이 따로 넓을까

혁명이 아무리 붉어도
밤하늘에
폭죽 한 발이 솟구친 눈요기만 같을 때

우산만 한 큰 토란잎은 뚝뚝 꺾이어
소낙비의 소란을 잠시 가릴 테지만
이 토란잎 잔챙이들은
저녁바람에 수런대는 내 슬하(膝下)로 남겨 두리라
작은 잎들마다 광야의 바람을 모으리라

한 뼘의 초록을 넘지 않는 이 토란잎을

나는 헛말이 아닌
잔잔하게 흔들리는 속엣말로 부리리라

햇빛과 그늘과 빗속을 갈마들며
때로 사방의 눈총을 부르는
초록의 뺨으로 거기 두리라

적막이 오면
그 초록의 뺨에 흰 보조개가 패는 걸 보리라
그리하여 잔챙이 토란잎에 머무는
첫눈의 찬 입술마저 내 슬하에 두리라

## 산매(山梅)

새벽 잠귀를 불러내는
소낙비 소리
점점 그 빗소리의 허리가 굵어지는 소리,

잠결에,
손버릇이 고약한 꿈이
잠깐 소낙비의 머리채를 잡았다
놓고는

다시 잠의 산등성이를 헤매
늙은 어미처럼
산매를 찾아

빗물에
여름 꽃도 녹는 산그늘에
봄꽃 산매가 피었을 거라고
산길에 미끄러져
손톱에

푸른 이끼 묻히고 찾아가는

모든 산새들이
죽어 두개골을 쌓는
산매 무덤이 있을 거라고

## 새들의 시간표


하늘의 키를 재러 올라갔던 아카시나무는
이끼를 가슴에 덮고 누워 있다

공중(空中)에 두엄 낼 밭이 없어
새들은 흰 똥을
환삼덩굴과 깨진 돌비석, 죽은 개뼈들 위에 내려놓는다

까마귀 소리는
폭포처럼 쏟아져 내려오고
붉은머리오목눈이 재잘거림은 성긴 덤불숲을 꿰맨다
아, 허공의 주리를 튼 듯 왜자한 직박구리들,
꿩들은
어깨에 쟁기를 멘 듯 허방 고래실을 내달린다
동고비는 말수가 적고
곤줄박이는 샘물 다시느라 꼬리 추임새가 자자하다

노랑턱멧새와 박새는 또 소소한 구설(口說)이고,
새소리 허공에 구첩반상을 차려도 넘치는 소리의 가짓수

똑똑히, 세보겠다
오색딱따구리는 너도밤나무 줄기에 부리를 찧는다

이 새뜻한 새소리를 누가 다 들나
했더니 묵묵한 바위들이 습습한 이끼들이
솔수펑이 늘씬하게 굽은 나무들 빛과 바람에 섞어서
다가오는 제 겨드랑이에 끼고 듣는다

자다가
잠결의 소리로 달리 들어도
어쩐지 물리지 않는 영원의 문턱이다

## 소나무와 영정사진과 폭설과 달밤에 대하여


눈이 많이 내려서는 소나무 숲에 가고야 말았다

환한 달밤인데 소나무들은 발자국 하나 없는 눈밭에

오래간만에 제 초상(肖像)을 하나씩 눌러 앉혀 보는 것이다

그걸 소나무 그림자라 부르면 달은 구름 속에 들어가 버린다

소나무도 제 초상이 마음에 드는가 흐뭇한 눈발을 턴다

이쯤이면 어떤 병마가 와도 서서 저승까지 걸어갈 수 있겠다

눈밭에 불러다 찍은 영정(影幀)사진으로 맞춤이라 여기며

초록을 꺼뜨리지 않고 겨울을 나고 봄볕에 졸듯이 뜰 수 있겠다

죽음을 장만한 기꺼움도 잠시, 늦겨울 햇살에

﹥

소나무와 폭설과 달밤이 합작한 영정사진이 눈석임물로

소나무의 뿌리너겁을 축축이 적시며 그만 사라지는 거였다

누구에게 통박이나 줄 수 있는가 소나무는 또 나이테를 두르고

오래된 소나무들은 하나같이 눈밭의 영정사진을 해마다 잃어버리고

수백 년 그렇게 제 초상을 겨울마다 새로 눌러 앉히며 또 떠나보내는 거였다

## 까마귀

건물 옥상 모서리에 까마귀가
허공의 빛을 살뜰하게 물리친 때깔로
검고 단정하게 앉아 있다
그 많은 허공을 품었다 버린 날개로
그는 고독보다 그윽하게 앉아 있다

나의 저녁은 무엇을 바라는가
생각의 주머니를 살피는데 너는
사랑의 몽니를 얼마큼 줄였는가
나의 속종을 묻는 고독의 눈총이여

검으나 검다
한 빛깔만을 입으려는 저 가혹한 옹립,
허공에 끼었던 날개가
제 몸을 덮고 있다

바람 부는 저녁
사랑의 도처를 모를 때

좌익이 우익이 무슨 방향이 되랴
사방으로 흩어진 마음들 가만히 불러
사랑의 운때를 떠보듯 우는
윤기 도는 단벌의 고독이여

## 성곽의 돌

바람 부는 날
성곽에는 무엇인가 있다

가만히 더듬어보면
하늘로 조금씩 성벽을 추켜올린 돌들은
하나같이 전직(前職)이 있다
맷돌짝은 가슴에 눈구멍이 났고
이 빗돌은 언제부터 이름이 깨진 여자를 품고 있다
달밤이면
청상의 방망이질 꿈이 다녀가는 다듬이돌은
오늘밤은 취객이 붉은 이마를 찧는다
그리고 나머지 이루 말할 수 없음을
이리저리 쌓게 된 돌들

하늘을 바라고
마음을 가장 낮은 데 두면
울퉁불퉁 둘레를 치며 성이 쌓이겠지
나라는 걸 모르고 당신이 스스로를 옹립하듯

밤마다 성벽이 훤칠하게 울었겠지
으늑한 홧대에 오른 암탉 같이
갇혀서야 먼 데를 바라는
소슬한 전망이 서겠지

# 앵두

앵두라니,
중국집 밖엔 눈보라가 치고 먼 절간 추녀 끝엔
쇠물고기가 배고픈 줄 모르고
제 몸을 때려 천지의 눈발을 헤쳐 나아가려는데,
앵두라니,
이제 막 배달에서 돌아온 중년 사내는
머리를 덧씌운 붉은 앵두 속에서 머리를 빼낸다

유독 귀밑머리만 하얗게 센 사내는 앵두를 빠져나오느라
머리가 잠시 봉두난발로 웃는다
자칫 없는 길고양이라도 한번 기일게 울 참이다
그래야 동떨어진 앵두는
겨울 골목골목을 내닫는 앵두의 피가 새삼 서러운 줄 알겠다
겨울 들판에 혼자 밥 먹는 버드나무는
짐짓 머리를 한번 들었다 하면 큰 울음이 사방인 줄 알겠다

앵두야, 계절을 잃으니
여기저기 전단지처럼 밟히는 기별도 다시 주워들게 된다

앵두야, 혼자서는 허공도 면벽(面壁)이니
우리가 변죽을 울려주러 가야 한다
앵두야, 너와 내가 다른 머리를 쓰고 살아갈 때
사랑은 메뉴판에 없는 음식처럼 황망한 것,

아, 더 세차게 중국집 유리문을 때리는 눈보라
전화벨이 울린다 철가방이 벙긋 입을 벌린다
천년을 늙어갈 중년 사내는 앵두를 뒤집어쓴다
앵두는 깜빡 졸음을 털고 사람을 알아간다
아니 철모르는 사랑을 익혀간다
코끝이 빨간 바깥 추위가 앵두의 피를 반긴다
앵두야, 배달 가자

## 돌 밑의 손

그대 허공으로부터 거둬들인 눈빛은
돌 밑의 손으로
지긋이 눌러두리라

그대가 온다면
이끼 서린 돌 밑에 눌러둔
고요의 손을 꺼내어
빵 반죽을 하리라
아니, 그대가 쐬고 온 얼굴의 바람을
가만히 더듬듯 쓸어주리라

먼 길 가까이 그대
등 뒤에 따라온 길에게
한 끼의 식사와 잠자리를 봐주리라
돌 밑에 눌러둔 손은
납작해졌다 서서히 부풀고
창백했던 피가 서서히 낯을 붉히리라

다섯 손가락 번갈아 생인손을 앓는 시여
피와 먼지에 묻은 손가락으로
그대를 나지막이 써주리라

# 솔가리 방석

입동 지난 어느 날 바위에 앉으니
나는 엉덩이가 차갑고 시렸다
이 햇살 넉넉했던 바위도
내면(內面)을 차리는구나
서늘히 문 닫아걸고
면벽의 등짝만 보여주는구나

나는 시려오는 엉덩이를 들썩이다
바람에 쓸린 솔가리를 몇 줌 끌어
다시 엉덩이 밑에 깐다
한때 내 머리를 푸르게 찔러대던 솔잎이
늘그막 땅에 내려와 냉골을 막아주네

그래도 가끔 회심(回心)이 도는지
내 엉덩이를 찔러대기도 하는구나
그러면 나는 허리를 곧추세워 앉아
솔가리를 쓸어내린 바람의 내력을 살피거나
솔가리를 몇 지게나 불쏘시개로 들여놓은

용고뚜리 같은 그 옛 아궁이 앞에 눈물 훔치던
어머니의 캄캄한 부엌을 생각한다
땅바닥과 엉덩이 사이가 허공인
당신의 앉을깨를 또 생각한다

## 부럼

미국산 호두를 한 망(網) 샀다

책장에 골동(骨董)이던 분홍색 아령을 가져오니

무력을 잡는 맛이 있어

아령으로 호두알 슬쩍 내려쳐보네

미국서 자라고 한국서 통박을 맞는 이 녀석들,

오후의 빛살들, 쓸쓸한 광명이 호두 속을 기웃거려 들어갈 때

아니 머릿속에 잘 쟁여두었던 해묵은 애기 감투들

어둠에 그을려 나오네

고소하다 눅지지 않은 빛과 그늘의 이야기들

>

무슨 애틋한 사랑을 가지고 놀았는지 구구절절,

이건 맛보기에 그칠 수 없어

아령을 자꾸 들게 한다 너무 세게 다그치면 안 되는 지구여

머리가 깨지도록 순애보를 들고 눈이 퉁퉁 부어 일어나라

오밀조밀한 여사여사한 옛일, 곧 먼 옛일이 될 오늘들

그 사랑의 눈코귀입들 다 썩힐 순 없는 그걸 갑주(甲冑) 속에 넣었으니

이야기를 밝히는 뇌(腦)는 죽어 흙에 주어도 고소하다네

### 산길 샛길

아무도 다니지 않은 산 숲에
발길을 넣으니

예전에 없던 생색(生色)이 돌아
나뭇가지와 잎들이
내 뺨과 팔뚝과 뒤통수마저
화이파이브 하듯
가만히 스친다

소슬한 산보 하나 키우자는데
이런 숨은 격려가 있었나
나는 가시넝쿨에 고개를 숙이며
사방에
고요히 인사했다

소슬하고 어눌한
옛 나를 다 만나보고자
나는 산길 샛길에 들어섰다

거기서도 갈라졌다

내 손바닥엔 잔금이 천지(天地) 듯
그대여
이 잔금의 샛길 하나 사시겠는가
고요히 한눈을 팔겠는가

## 숲의 방랑자
―나의 측근들

내 왼편엔 호두나무가 내 오른편엔 붉나무가 있다
그리고 나는 박쥐나무를 바라고 섰다
저들은 모두 내 편인 적 없는 무심한 측근들,
계곡엔 아직 물소리가 가물고
참나무 줄기에 거꾸로 달린 청설모처럼
그대의 호기심 찬 눈빛도 아득한 것이 되었다
나는 한때 큰 말을 찾았으나
직박구리들의 수다조차 잠재울 말이 없어
내 몸은 가끔 몇 십 근의 침묵으로 걸어다닌다
그러다 광살구를 쏟고 살짝 우울이 온 살구나무를 벗한다
소낙비에 광살구를 놓을 때
제 뿌리에 닿는 통박 같은 그리움도 떠올린다
저 봐라 솔수펑이의 소나무들은
허공마저 의젓하게 기댈 곳으로 만들었으니
솔가리 날리는 가을까지는 마음이 백리(百里) 길이다
가끔 풀섶에서 나와 마주친 두꺼비는
내 길을 막아 볼멘소리처럼 몸을 부풀린다
어느 집 처마 그늘 하나 못 옮기는 나의 시가

속으로만 너무 우쭐한 거 아니냐는 눈총이다
옛다, 그러면 내 속에 날리던 날파리나 먹어라
던져주고 다음엔 네 등짝 소름이 쏙 들어갈 말을 구해오마 하자
슬금슬금 뒷걸음질로 산으로 가는 옴두꺼비도 있다
아 오늘은 지네발처럼 많은 생각이 다녀갔는데
글쎄 그게 앵두 빛깔로 익을 때까지 저녁술을 곁에다 둔다

## 박쥐

겨울에 들었는데 신갈나무 가지엔
흰 서리를 뒤집어쓴 박쥐들이 매달려 있다
낮엔 가난한 햇살에 서리가 녹아
갈색의 박쥐로
옷을 갈아입으며 뒤척였다

이상하게 저 박쥐들은
밤낮이 따로 없이 매달려만 있네
그것이 마치 비행(飛行)보다 중요해
먹이사냥도 뒷전인 채 바람이 불면
귀찮다는 듯이 날개를 흔들며 떨었다

어떤 사람은 저 박쥐가
푸른 옷을 입고 햇빛을 혀로 받던 호시절도 있었다고
초록이 지구의 청춘이다 떠벌리던 사람도 있었다
하지만 초록도 한 벌의 옷일 뿐
한사코 가지에 매달려 떨고 있는 박쥐는
간과 쓸개 사이를 오갈 번뇌와 고민마저

아직 외따로이 밀쳐둔 모양이다


나는 저 겨울 박쥐들이
사랑의 동굴을 놓친 노숙자일 거라고
헐벗은 잠을 끌어모으는 아직 덜 떨어진 내 영혼과 닮았을 거라고
아 덜 떨어진 비명이여, 저 박쥐의 날갯죽지엔
이상하게 사랑의 잎맥이 선명하다

## 태풍과 머리카락

태풍이 지나간 저녁나절
자개장롱 밑바닥에서
언젯적
머리카락 한 움큼이 밀려나왔다

빗어 넘겨주고 싶네
그대 등 뒤로
무심코 빗 하나를 넘겨받아
복숭앗빛 뺨의 시간을 빗어주고 싶네

얼굴이야
천천히 보여주게
가늘고 긴 목이야
모래시계가
모래의 눈물을 말려 내려가는 길목,
천천히
내 왼팔에 달린 왼손의 그림자
그대 뒤에 순한 가을 거미처럼 어리도록

내게 새침하게 등 돌린
사랑의 등짝을 보여주게

태풍이
어디 적적한 윗목의 땅에 가 눕거든
이 흩어진 머리카락들
다시 빗어달라고
그대 희고 가는 손을 내게
얼굴 없이
사방의 미소로 내밀어 보여주게

## 역사(力士)

예전 마을 동구에 묻힌 연자매 맷돌을 파냈을 때
나는 우직한 황소가 떠올랐다
나도 봄이 와서 꽃들이 앞다투는 허공을 놔두고
그대 수수꽃다리처럼 서성였던 땅을 더듬어
그대 몸무게만 한 동돌을 하나 캐내겠다

처음에는 가슴에 품어 돌 애기를 품은 듯 가고
콧등에 이마에 땀이 맺힐 땐
꼽추 여자를 업은 듯 등짐을 지어가겠다
나는 약골(弱骨)의 역사(力士)니까
꽃들을 다 지나칠 때쯤이면
내가 편애하던 사람도 다 지나쳐 서운한 사람도 만나겠지
나는 약골의 역사니까
내가 짊어진 동돌이 나의 고개를 허리를 아프게 숙여주겠지
그러면 해묵은 미움의 눈총도
나의 땀 흘리는 인사에 고개를 숙이기도 하겠지

힘이 다시 솟아나 허리를 펴려 할 때

다리가 갈린 개들도

옆구리가 베인 풀들도

나의 굽힌 허리에 새삼스러운 안부다, 눈인사를 건네 오겠지

그 사이 하늘이 내게 보낸

먹구름과 우박과 비바람 같은 죽비(竹篦)들이

나의 무거운 인사에 슬쩍 스쳐만 지나가겠지

나는 약골의 역사니까

나와 대적할 사람은 천지에 나 하나밖에 없으니까

어느 들판 끝에

나는 동돌을 땅에 부려놓고 크게 한번 울어도 웃겠다

당신은 꽃을 들어도 나는 다시 큰 돌을 져 하늘에 올리겠다

## 산성을 가리키다

그곳은 바다가 가까이 외딴 곳, 그 바다를 바라 헤일 수 없이 달려온 산들이 천천히 발걸음을 늦추는 곳이다

늦은 점심을 먹고 나오니 배고픔은 뭔가 눈뜨는 몸인데 식당 밖에서 다시 밥 먹으러 가기 전의 산이 보였다 산은 다시 나를 골똘히 바라보았다

버드나무 줄기를 주렴처럼 헤치며 그가 산을 가리킬 때 거기 천공을 한쪽 어깨로 치며 막 돌아드는 저 돌담이 그는 산성(山城)이라고 했다 그것도 이름이 문수(文殊)라고 했다

밥을 마친 그와 또 다른 그가 돌아가고 나는 버스를 기다렸다 산성은 여전히 천공의 산 둘레를 돌아가고 나는 누군가 이 땅을 넘보던 때를 떠올리니 오늘 산성은 산마루에 하늘을 싣고 바다로 나아가는 거였다

눈에 초록이 한참 물들어, 드디어 버드나무 정류장에도 버스가 와 붕붕거리며 오르니 내게도 덜떨어진 문수(文殊)가 뒤따른

다 나를 막지 않고 태워주는 이 산성은 출가하듯 날 품고 시내로 나간다 문수야 오늘 저녁은 무얼 먹냐

## 리무진을 보내다


아이보리색 리무진이
파리바게트 빵집 앞 사거리를 순식간에 돌아나갈 때,
거기 뭐 스타 같지 않은 탤런트나 내가 모르는
세월을 자수성가시킨 깡마른 갑부와
갑부의 과년한 딸과 그 식솔(食率)들만 탔을라구
당신은 늘 연식(軟式)이라 내 눈에만 띄고

두 개 차선을 걸치며 커브를 꺾는
리무진은 아무래도 겁이 많은 시간들―,
옛날이라고 불러도 좋은 오늘과
오늘의 나를 만나러 온 옛 생각들이라 불러도 괜찮은

뭔가 죽고 나서도 다시 찾아오는 것이기에
이건 태어났기에 다 죽을 수는 없는 것이
다시 손 크게 스쳐가는 거였다
아, 나를 참다이 기른 이가 있어
사거리 건너편 안경점과 짬뽕가게를 슬쩍 등으로 가리고 서
있을 거라 생각지 않아도

그때, 사거리를 휘돌아나가는 분홍빛 리무진은
아무래도 리무진만은 아니었다
장례와 결혼을 넘어서는

당신 키 컸고
당신 손 컸다
그다음은 당신이 당신을 말할 수 없는 깊이,
당신 아득한 곳으로 가선
내 울음이 막다른 골목 그늘진 벽에 구멍을 내고 있을 때도 당신은
서늘한 큰 손 서늘한 우주의 뒷배로
당신은 내 기울어 타던 무궤도(無軌道),
당신을 타고도 당신을 모르는 운명 같은
당신은 심장이 꺼지지 않는 리무진인 줄 알았네만

참 기일게 탔어도
한끝 뭔가 놓친 듯 사거리 앞에서,
어느 날 옆구리를 휘돌아나가는 그 무엇이 가슴으로 당겨질

때는
　그게 한 음예(陰翳)한 영혼의 나들이로 보이네

　잘 가라, 당신
　언제나 리무진은 멋진 관처럼 비었으니
　무엇이든 돌아오는 동안 생살이 내비치는
　리무진은 전장(全長)이 긴 심해어(深海魚)라네
　머리는 옛날에 닿고 몸통과 꼬리는 방금 나를 스친 고요라네

## 산벚나무 아래

산벚나무 아래 백골이 누워 있다
어웅한 눈구멍 속으로
벚꽃잎이 빠져서 해골이 웃는다
마음은 옛적인데 웬 살이 오르려나
점점이 듣는 벚꽃잎
해골 두 뺨에 연지곤지 붙이고
연애의 살 좀 올라봐야겠다 두둥진 봄아
그날은 괜히 웃는 꽃도 입에 물려주고
백골이 우드득 뼈마디를 일으킨다
육탈된 두 손
가까스로 가슴에 끌어다 기도도 좀 하고
산벚꽃 그림자로 부끄러운데 좀 가리고
긴 술잠에서 깬 듯 백골은
산벚나무 처진 가지가 가리킨 마을로
인기척에 눈 환히 뜨고 내려가겠다

## 나무를 붙잡다

꽃이 떠난 매화나무를 붙잡다
혁명이 온 적 없이
늘상 혁명인 모과나무 옹이를 붙잡다

산딸나무는 유월의 화포(花苞)들로
흰 소복처럼 떨쳐입고
밤나무는 밤꽃 내음으로 사정의 역사가 자자하다

목련꽃을 피웠던 목련나무처럼
아카시나무와 찔레덤불과 그 밖에 꽃을 달려 보낸 나무들은
무성해진 잎들의 생각의 개인사(個人史)로 걸어왔다
말라죽을 때도 나무는
치유가 아닌 도도한 관망의 정사(正史) 밑에
야사(野史)의 뿌리를 가진 나무들

오늘은 마침표가 없다
오늘은 결정이 넓다

&gt;

한 나무가 달아나는 것을 슬그머니 오후에 붙잡다
그토록 멀리 한자리에서 달아나는
이 나무의 이름은 자귀나무도 때죽나무도 아니다
공원관리인이 팻말까지 달아주고 간 이 나무는
옮겨 심어진 그 자리에서 또 그윽이 달아나는
이 나무의 이름은 자유다
분홍빛 성게 같은 꽃이 달려오는 자유다
흰 별꽃 무리들이 허공을 치받는,
이름을 달아주면 이름을 죽여주는 자유다
새 이름은 새 이름의 자유로 죽는다 살아 달아난다
나는, 죽은 이름을 두고 떠나는 나무를 붙잡는다

## 소나무와 무덤과 잔디 씨


비탈진 잔디밭에 앉아보았다
늙은 소나무 그림자가,
내 등에 업혀왔다

저만치 봉긋하니 맺힌 무덤은 빗돌마저 굴려 보내고,
혼자라서 호젓한 저 무덤 곁의 소나무들,
무덤 귀가 밝으면
멀리 벼랑 아래서 파도 소리를 데려온다

누구라도 그 곁에 앉으면
파도와 같은 유가족,
아니 무덤과 같이
파도 소리를 듣는 망자(亡者)들,

뼈로 간정된 그대와
살로 무더운 나(我)여

아무래도 무심코 눈길이 가

잔디 씨를 훑는 손버릇,
세상에 그대가 모르는 무료한 손버릇,
몰킨 서캐처럼 까맣고 조븟한 마음을
손끝으로 죽 훑어내는 손버릇,

내내 하얗게 흩어진 파도 소리서껀 까맣게 여무는 잔디 씨

## 도라지밭 반 평


동탄(東灘)에서 M버스 타고 광화문까지 가는데
물어볼 게 있다는 듯
꼭 그런 건 아니지만
이런 미소들이면
이승저승을 오가는 눈빛이 아니겠냐는 듯
창밖 도라지밭 반 평이
버스를 뒤따라오는 거였다

천근의 범종을 녹여
나비 날개 몇 쌍을 저 밭에 풀어줘야 하는데
마음은
쇠종을 매달던 허공에
건성의 당목(撞木)처럼 오갈 뿐

순식간에 스쳐버린 도라지밭인데
내내 고속도로를 앞질러가
계곡물처럼 나를 반겨 내려오는
도라지밭 반 평은

흰 도라지꽃 보라 도라지꽃 반 평인데
지구를 뒤덮고도 남는
도라지밭 반 평인데

여울물에 나가 미소를 건져온 듯
봄에 봄을 넘기고
초여름 기억의 숨이 더워올 때
사랑의 숨이 더워올 때 피워내는
지구보다 넓은 도라지밭 반 평인데

## 제2부 연리지

## 초가을

반쯤 물든 감잎 그늘에
청시(青枾)의 입덧이
검푸르다

나올 듯 나오지 않는
헛구역질 끝에
몇 방울 눈물만
내비치는 시여

고역도 비명도 다 감춘
푸른 하늘
말간 하품
생모래 씹히는 발가락 사이

## 연리지(連理枝)

배롱나무 아래 서 있다
내 처진 어깨를 생각했다
나는 팔을 치켜들었다
나무는 나의 오래된 선배 같았다
팔을 다 내리기도 전에
배롱나무 붉은 꽃이
내 어깨를 치며 내려온다
엉거주춤, 팔을 내리다
배롱나무 또 한 가지를 붙잡았다
허공에 머물러 살도 뼈도 단단한
배롱나무 가지에 한 팔을 붙이니
하늘에 머물던 개미떼가
내 팔뚝을 타고 내려온다
나는 나무의 오래된 흉내 같았다
어디쯤에서 나는 손을 떼야 할지
우리는 어느 때에 슬픔을 풀고
어느 쯤에서 흉내뿐인 사랑을 놓아야 할지
나무도 나도 서로 망설였다

망설이는 그 잠시에도
개미떼는 서슴없이 내 손등을 타고
하늘에서 땅으로 내려왔다
내가 배롱나무를 떠나자
또 다른 하늘이 나를 따라왔다

## 청설모가 준 시

유월이었나
구청 옆 외진 화단 가에
뽕나무에 검붉은 오디가 휘늘어지게 달렸다
그걸 산자락까지 내려온 청설모가 봤으니,
팔자에 없는
콘크리트 주차장과 보도블록
진흙바닥을 살살살 헤쳐서

드디어, 뽕나무에 늘씬하게 올랐다
뽕나무 가지가 그네를 탄 듯 휘청거려도
잘 익은 오디로 포식할 생각에 마냥 신난 청설모 꼬리,
때마침 나와 청설모가
눈이 마주쳤던 거라

나는, 천지에 설익은 말들만 지나쳐왔으므로
새삼 주인도 아니면서 빼앗긴 듯
그런다
달디단 절창(絶唱)을

다 가져갈 수 있겠니!
나는 뽕나무를 한번 발로 차고
청설모는 오디를 입에 문 채 벼락을 친다
청설모 놀란 오줌이
내 이마를 친다

저렇게 놀란 오줌빛이면 좋겠다
저렇게 놀란 오줌빛으로 영롱했으면 좋겠다
저거 저 놀란 오줌 빛깔로
새 말을 트자
헌 말도
묵은 솜을 틀듯 새 말로 틀자

# 가뭄

하루만에도 키가 준다
물 좀 다오,
그림자가 일어나 손을 내밀듯이

이런 날에는
유난히 다 큰 난쟁이가 태어난단다
하느님의 슬픈 아이들,
스러지는 곡마단으로 걸어가
소리 나지 않는 웃음을
얼굴에 그리며 우는 난장이들,

먼지로 칠해보는 볼 터치,
먼지로 그려보는 눈썹과 입술,
먼 데서 높새바람 다시 불 때에
얼굴 털고 마음 털고
조각거울에 비춰보는
사랑의 얼굴은

&gt;

눈곱이 자주 끼는 난장이와
초저녁 눈을 잠시 맞추면,
나의 고향을
먼별에 한 칸 두고 왔다는 생각이 돋고

거북이 떠다니는 정다운 구정물에
한 손을 담근 채
새벽까지 나의 잠은 버드나무다
붉은 달 바라보는 난쟁이 눈에
새벽까지 나의 꿈은 소낙비 숲이다

두껍아
목마른 무덤에도 비를 뿌려야지
혀가 말라 모래 침을 삼키는 두껍아
누가 먼저 비꽃을 맞나
누가 먼저 물초가 되나
오리나무 그늘에서 내기를 하자

## 나무 인상 사전

달에 고향을 둔 계수나무는 키가 훤칠하다
산벚나무는 그 꽃들로 때늦은 눈발이다
산그늘 옮겨 다니는 환한 시름들
마음이 옥죌 때 그 눈발로 발등 적시면 낫는다

소나무는 슬쩍 고개를 숙이거나
가만히 허리를 뒤틀거나 짐짓 목을 늘여 빼거나
어스름 허공에 어깨를 기대거나
그 모두 한 생각 다른 생을 고르는 고요의 몸짓이다

호두나무는
고소한 생각들을 고르고 있다
허무를 웃길 만한 익살과 입담을 골라
생각의 가지마다 한 주먹씩 재미를 쥐고 있다
뇌의 주름이 많은가 슬픔이 자주 골탕을 먹을 만하다

오리나무는 엉뚱한 방향으로 웃는다
고민이 오면 딴청을 부리며 오리걸음 뒷짐을 진다

말문이 막힌 무덤들을 불러 웃음부터 틔워준다
가을에도 봄 생각을 키워 오리주둥이로 잎을 흔든다

버드나무는 물가에 주점을 차렸다
작은 누각의 푸른 주렴을 걷고 들어가면
주인은 없고 벌레들이 생을 좀 바꿔다오 꾸물꾸물 술상을 봐 온다
어느 수양버들 가지를 잡아당기면
술과 여자가 나와서 귀신마저 객소리하는 소슬한 술판이 벌어진다

가만 저 나무는 초록 속에 상거지처럼 서 있다
모두들 죽었다고 하나 가만히 보면
다음 생으로 넘어가는 헐벗음을 입고 있다
대개 그런 몸엔 버섯이 봉기하고 벌레집이 자자하다

## 붉은머리오목눈이

하늘은 낮다

아카시아 잡목숲과 들찔레와 마른 환삼넝쿨을 헤쳐 나가는

저 조붓한 날갯짓들은

하늘을 내 무릎 아래 끌어다놓는다

산흙 냄새 마른 목이버섯 냄새 부서진 말벌 집 냄새 죽은

살쾡이 사타구니에 남은 마른 암내도 좀 맡아보라고

하늘을 내 무릎 아래 불러 내린다

하늘 어느 어둑한 선반 같은 구름에도 얹을 수 없는 돌멩이 하나

그 단단한 침묵의 주먹다짐도 읽어보겠다고

〉

　내 무릎 아래,

　아니아니 저 무릎도 없는 나무 허리 아래

　말간 근심과 엇갈리는 연애의 기척들이 저녁의 발자국을 남기는 곳 가까이

　하늘의 눈과 코와 귀를 불러 모으는 낮고 소소한 날갯짓이여

　사랑의 처음은

　그대가 단정하게 모은 두 다리의 무릎 위에 두 손을 포갤 때부터였다

　무릎 아래 그대가 그윽한 눈길의 우물을 팔 때부터였다

　비천하고 허랑한 것들의 무릎을 스쳐나갈 때의

>

그 서늘한 연분을 하늘에 올려주기 위해서였다

버릴 것 하나 없이 엮어주러 왔다 땅바닥까지 내려와

하늘은 가장 낮으나 높다 울고 있다

## 대지의 등을 긁게 되다

늦가을 산자락에 흩어져 누운 낙엽들
나는 살이 몇 개 부러진 갈퀴를 들어
거의 처음처럼 낙엽을 한데 긁어모으니
봉긋한 무덤을 짓고도 가만히 기뻐진다
어느 날엔 그 무덤에 푹 파묻혀볼 마음도 오리라
낙엽을 긁느라 갈퀴의 손자국이 난 땅엔
혹 봄날을 품다 흙속에 말라버렸을 씨앗들,
솟구쳐 시르죽은 풀꽃들과 또 두더지두둑을
낙엽은 이리저리 잘 덮어줬으나
대지는 아직도 답답하고 근심어린 데 있는 듯
나는 낙엽을 긁고도 왠지 쓸쓸하니 가려운 데를
효자손이 된 갈퀴로 가만히 긁어준 듯 하였다
그럴 때 하늘과 땅 사이에 선 나는
박수〔覡〕처럼 작은 신명에 들려 보는 것이다

## 저녁의 포석

소나무숲 가까이 막 어두운데
처음 듣는 새소리가 허공에 돋는다
무슨 감정의 열매를 먹었기에
빛도 어둠도 반쯤 물린 데 번지는 소리의 돌,
그 새가 소리 한 수를 두고 사라지니
나는 내내 장고(長考)에 빠져 골똘해지는 돌,
고작 하루를 마감하듯 서성이며
자운영 꽃밭에 우두커니 묵묵해진 돌,
괜히 팔굽혀펴기를 스무 번쯤 하고
가슴골에 찬 땀을 저녁바람에 식히고 섰는 돌,
생각의 피가 잘 흐르지 않는 문장을
수련이 뜬 샛강에 내다버릴까 생각하는 돌,
누가 날 이렇게 어리석게 그립게 해놓았나
변두리를 낮술처럼 마시며 살라 해놓았나
어디에 나를 던져도 맞춤이 없이 버성기는 돌,
그걸 어느 날은 숨은 꽃처럼 들여다보고
혈혈단신 내가 나를 베고 누운 마음의 쾌척!
바람은 천지간을 다 휘돌아다닌 뒤에

마지막 숨을 거두는 자리의 적막 속에
한 꽃이 든다 하니, 그마저도 쾌척!
이별이 만남의 돌 하나를 가슴에 품고
저녁은 어두워져 별들을 천공에 뿌리는 수완이지

## 새소리 값을 주러 갔다


아파트 화단 한 켠에 누가 자루를 내다놨다
얼룩과 곰팡이가 조금 서렸어도
묵은 쌀자루를 보니
산새에게 진 외상이 떠올랐다

겨우내 정발산 텃새들이 내게 들려주길
된바람에 실어 혹은 초조한 겨울 볕에 내놓은
직박구리 오목눈이 곤줄박이 까마귀 딱따구리 동고비……
낯익은 까치는 말수가 줄었어도
한 귀로는 까마귀 소리 높이 듣고 한 귀로는 오목눈이 소리를 낮춰 들었으니
 눈과 얼음을 헤쳐 얻은 모이들로
모래주머니의 모래까지 삭혀 얼러낸 힘의 소리라 생각하니
나는 소리의 빚두루마기가 되고 말았으니

아니, 아니 갈 수가 없는 거라
나는 묵은 쌀자루를 어깨에 둘러맸다
저녁이 가까웠으나 저녁에 배고픈 소리를 모른 척하면

밤새 노루잠이 찾아들 거라 또 생각하니
나는 마른 가지에 얼굴을 긁히며 숲에 들어
잔설에 찍힌 내 발자국에 쌀자루를 풀었으나
자루는 이내 동이 나
이 한 끼의 생색이 더 가난한데
저녁바람에 나는 구멍 난 마대자루처럼 펄럭였다

갚지도 못할 새소리에 빚을 떠안았으니
나는 이제 봄을 당기는 시나 지어야겠다
솔바람 소리에 방귀나 뀌는
두둥진 시나 우물거려야겠다

## 바람을 마시다

한 나무는 붉었고 한 나무는 노랗다
소나무 그늘의 바위는 차가워지며
돌아갈 곳 없는 곳으로 돌아가느니
어쩌면 다시 꽁꽁 여밀 내면을 가져보느냐

영혼을 한 자락 허공에서 끌어내려
나는 바람으로 마신다

바람 속의 광야와 바다와 무한의 눈빛을
사창 골목의 한낮 적막과 봉쇄수도원의 뒤뜰 햇살을
그대의 겨드랑이와 나의 사타구니를
천민 가을의 눈물과 귀족 겨울의 웃음을
죽은 고양이의 수염과 뛰노는 개들의 꽁무니를
아무래도 오늘은 긴 한숨으로
사랑의 등을 떠밀어 보느니

어제는 술이 깊었으니 오늘은 바람을 한잔해야겠다
내가 산자락에서 가슴 깊이 받아 마신 바람을

그대는 어느 날에 받고 다시 내게 돌린 잔이었는가
양명하고 쓸쓸한 놀음이여
천지 가득한 숨결을 가득 비우고 또 마시는
이 몸 걸어가는 잔(盞)에
또 한 잔 받으라고 직박구리가 날고
느티 잎이 내 어깨를 친다

햇빛 속에 총총한 파밭이여
파밭 너머 강이 제 가슴을 바다에 마악 들이밀 때의
그 가만한 소용돌이를 그 떨리는 바람의 입술을
나는 마신다

## 물집

다리미질을 하다가 그만 손등을 데었다
줄곧 붓방아만 찧던
내 굼뜬 졸필(拙筆)을 일깨우려는 듯
그러나 손등에 물사마귀처럼
둥글게 부풀어 오른 물집,

쓰라리고 쓰라렸다
물집을 들여다보니
다리미 불이 지나간 자리를 물로 다스리는
물로 다려서 다시 펴려는
저렇듯 둥근 물의 집이 섰구나
말은 못해도 아니
말은 뭐에 쓰는지 몰라도

몸이 먼저 맘을 쓰는 구나
몸이 물을 불러 불을 끄고 있구나

다리미 불이 지나간 손등에

집안 가득 물을 받아놓고
불이, 제 불길의 얼굴을 보고 놀라 도망가라는
물집은
몸이 마음보다 먼저 내놓은
드므*, 드므였네

---

*드므: 넓적하게 생긴 독으로 물을 담아 화마(火魔)를 쫓는 물건.

## 외팔이 장사

외팔이 아저씨는 잡동사니를 파는데
그게 하나하나 귀하다

뻥튀기도 팔고 신발 깔창도 팔고
오는 봄엔
가는 봄도
말없이 판다

오는 봄 중에 외팔이 아저씨가 내놓은 군자란을
아가씨가 선뜻 집어 들고 사려니까
없는 왼팔이 거들려는 듯 펄럭거린다
오른손 하나로
검은 비닐봉투에 군자란을 담는데
바람이 봉투를 오무래미처럼 오므려 실없는 장난이다
그제서야
아가씨 흰 팔이 건너와 봉투의 입을 마저 벌리니
군자란은
꽃도 없이 뽐내며 들어간다

&gt;

외팔이 아저씨는,
촉(燭)이 많이 올라올 거예요
빈 왼팔을 붙들어 주머니에 욱이며 웃는다

외팔이 아저씨는 잡동사니를 파는데
그게 하나같이 귀하다

빤스 고무줄도 팔고 하얀 면봉과 금빛 귀이개도 파는데
가는 봄엔
왔던 봄도
말없이 팔았던 모양이다

## 버드나무에게로

저기 거친 돌밭 한가운데 젊은 버드나무에게로
가자, 버드나무는
버드나무의 빛깔도 버드나무의 성격도
버드나무의 과거도 모두
말로 건네지 않는다

그는 다소곳이 햇살과 바람 속에
천천히 오지 않는 말〔馬〕을 기다리듯
가만히 흔들릴 뿐이다

누가 와도 누가 왔는지 모르고
누가 가도 누가 갔는지
시간은 그 곁에서 깊어지지도 더 얕아지지도 않는다
버드나무는 버드나무 자신을 모르고
그러나 버드나무밖에 모른다

그는 이제 와
나의 버드나무가 되어야 한다

자신밖에 모르는 것, 더 버릴 것 없어
자신으로밖에 흔들릴 줄 모르는 버드나무가
저 거칠고 거친 돌밭 한가운데
여름의 빛과 바람을 데려다 놓고 있다

## 주문

국솥에 가스불 켜라는 소리를 잠결에 들었다 집안엔 늦잠 자는 주말의 애잔한 식구뿐인데도 왠지 거장(巨匠)인 할머니가 그 목소리 뒤에 뒷짐을 지고 서 있는 거였다 포진이다

나는 새벽 냉수 한 잔을 걸치고 도심의 숨겨진 뒤뜰 같은 들판으로 나섰다 거기 천막이 서고 머리에 흰 수건을 두른 사내들이 가마솥에 장작을 때고 국솥에 양지머리를 삶고 있었다

젊은 장정들을 부리는 숙수(熟手)의 할머니는 도끼눈을 뜨고 안개가 묻은 내 등짝을 후려쳤다 너는 도대체 뭐하는 놈이냐 대처에 나가서 몇 섬의 사랑을 짊어지길 했느냐

욕망도 다스려 정말 살아왔느냐 거장의 손찌검은 내게 얼얼하게 묻고는 또 주문을 넣는 거였다 힘꼴깨나 쓰는 사내가 품는 광야와 그 광야를 바라 가이없는 하늘의 말을 보여주거라

김이 펄펄 나는 밥과 고깃국과 깍두기와 젓갈 한 상을 홀로 들판에서 받는데 또 할머니의 지청구는 이어져, 사내는 하늘과 같

은 것 바람과 같은 것, 아득한 것들과 마음의 겸상을 하는 거다

 하늘이 내게 주문한 바를 내가 다 듣지 못했는가, 내가 주문한 바를 하늘과 땅이 모른 채 하지 않았는가 무한한 것들과 유한한 내가 마주앉아도 나는 나의 유한(有限)을 팔지 않으련다

 이젠 내가 거장의 할머니 등짝을 가벼이 친다 그만 돌아가시라 늙은 찬모(饌母)여 이제 하늘과 땅의 숙수인 사랑의 칼을 들 풀 속에서도 꺼내 쓰리니 홀로 무한과 더불어 이 유한의 말단(末端)인 나를 모두에게 열어 먹일 차례이니

## 가마우지

민물가마우지들이
한강 하류 수중보 돌기둥 위에 앉아
상류에서 떠내려온 눈더미와 얼음조각에 막힌
강을 내려다보고만 있다

내게는 맑은 날에도 물초로만 보이는 가마우지들
몇백 년 전 그보다 더 옛날엔
내가 목줄을 매어 여러 강가로 끌고 다녔다는 생각,
저물녘까지 잠수를 시켜 물고기를 물고나오면
목줄을 죄어 물고기를 토해낸
나의 비린 강(江)농사의 소작(小作)이던
가마우지들이
주인 없이 웅크린 나날

그날 마지막 토해낸 물고기는 집으로 가는 버드나무 둑길에서 게웠으니,
  그때가 벌써 요절한 시인들의 사당이 불타고
  해마다 동백꽃 붉은 목이

바람의 칼에 댕강댕강 달아나길 수천 번
비린내 하나만 달빛에 걸어두고 돌아오던 그날들

이상하네 가마우지君
오늘은 어떤 바람이 내 등을 떠밀어선
들판의 한 외딴집 평상에 날 누이곤
가늘고 긴 손가락과 홍조 띤 광대뼈의 그대 손아귀가
내 목을 조여오는 걸 처음 보았네
어서 비릿한 마음 하나 토해내라는 듯
마음 밑바닥에 도사린 그날의 고백들
울컥하니 게워내라 하네

## 남루의 빛

빗물 웅덩이가 마르고 말라가니

간절히 서로 성호를 긋듯

바퀴자국들이 진흙바닥에 나 있네

그걸 좀 오래 보자구

다 헤지지 않은 벚꽃잎들이

거기 치마폭을 내려

가만히 가려 덮는다

# 연리지(連理枝) 2

길 없는 숲 안쪽
거기는 가만히 무덤 같고
고요히 낙엽 이부자리 같고

두 나무가 낙락히
한 나무를 엮어가고 있으니
신갈나무와 산밤나무는
언제쯤 신혼의 낮밤을 끝낼 것인가
물어볼 새도 없이
서로의 전생 혹은 내생 쪽으로
무겁게 파고드는 사타구니여

이른 봄 새잎 빛깔도 서로 봐주고
늦은 봄 새 꽃 냄새도 서로 귀 기울여
우듬지 높은 죽음의 날에도
가만히 서로의 마음 냄새를 맡아가는가

## 제3부 천둥과 밥

# 심정

소나무 아래 바위가
우두커니
허공에 든 빗방울 하나를 마주봤다
어느 날부터인가
빗방울 하나를 가슴에 띄우고
바위는
목청이 돋고 눈알이 뜨거웠다
울음이 차오르고 웃음이 눈부시다
닳리고 닳려 모래알로 가는 오만 년,
그때까지 마르지 않는 빗방울 하나
바위를 다 적시고도 남는
그 빗방울 하나
바위는 제 속에 켜두었다

## 천둥과 밥

천둥이 치는데
나는 지하 쉼터에 내려가 저녁밥을 먹겠네

곧 닥칠 숟가락질과 젓가락질 사이
나는 천둥에게도 배고픈 소리와
배부른 소리가 있을 거라 여기네

그대 눈빛에서 번져 나온 벌판에도
배고픈 타령과
배부른 타령이 바람 부는가

사월 천둥소리가 크면
그걸로 산자락에 집을 한 채 빚어 올려볼까
사월 천둥소리가 작으면
적막의 그대와 뒹굴 만한 통옷을 하나 지어볼까

그대는 어디서 왔는가
나의 맘엔 대문이 없으니 그대는

밤의 천지사방을 그리 크게 울려대는가
내 슬픔의 등짝을 두드려 웃음을 한 끼
고봉밥으로 수북이 퍼주라 북채를 들었나

천둥의 북채와 내 손의 수저를 맞바꾸고
오늘은 내가 밤 깊도록
그대 집 뒤란에 잠든 돌들을 꽃으로 깨우겠네
지옥의 벽에 기대서도 사랑의 밥술을 뜨게 하겠네

## 벼루를 놓치다

인터넷 경매 사이트에서 벼루 한 점을 놓쳤다
주머니를 졸이며 최고가액을 썼으나
통 큰 상대에게 둥근 단계연(端溪硯)을 내줬다
먹 대신 묵액(墨液)이 대세인 세상에
벼루는 본차이나 이 빠진 접시라도 상관없지만
이상하게 벼루는 벼루였다
눈에 안 들면 아무리 고가(高價)라도 무일푼,
한 푼어치의 사랑도 매겨질 수 없으니
내 눈독은 백치, 내 눈길은 색명이 완연하다
맘에 꽂히는 벼루 한 짝에
일월(日月)이니 태극(太極)이니 크게 들이다
매화를 심고 포도넝쿨을 올리는 것도 모자라
송학(松鶴)을 불러 심심해지면 식탐 많은 남방원숭이
연지(硯池)에 노는 잉어 한 마리로 꾀어 앉힌다
아, 그러고도 내 사랑은 협곡처럼 깊어져
더 기이한 소리와 빛깔의 몸들을 찾았으니
다 벼루 짝에 먹 갈리는 소리에 묶일 배고픔인데
어떤 벼룻돌에 붙어 수백 년을 견딘 파도 문양은

어느새 돌을 달래 바다로 돌아가자 주니가 들었다
먹 갈리는 시름에 여의주까지 게워낸 용(龍)은
역린(逆鱗)도 잠재우고 이 땅에 안겨온 뭇짐승이다
벼루를 놓치고 나는 벼루 도감을 가만 펼쳤다
한겨울 넝쿨 뻗는 포도연(葡萄硯)을 보다 술친구 매화연(梅花硯)도 청했다
입꼬리의 웃음이 오래가는 거북이 등도 쓰다듬었다
내내 벼룻돌을 감싸던 마음의 수작들이 그러했다
아내는 내 벼루 눈독을 쓸쓸한 고답이라 눈총이지만
보라, 생활보다 오래 산 뱃구레가 훌쭉한 벼루들
나는 편애로 더듬을까보다, 나는 편애를 키워
가난마저 더 맑힐까보다, 가끔 족제비가 내준 털을 적셔
편애해마지 않는 당신을 부를 천치의 내 시편들
무릉도원과 저자(市場)를 한 초서(草書)로 흘려 부를까보다

## 기저귀 기적

저녁이 다가오는 저녁이었다
격일제 근무 경비아저씨가 쉬는 날,
아파트 입구는 더 조용했다
젊은 부부가 아기를 안고 경비실을 지날 때,
아내가 반갑게 소리쳤다
기저귀다 기저귀야
새로 주문한 기저귀야, 여보!

나는 경비실에 맡겨진 박스를 보는데
그런데 그 소리는 마치,
기적이다 기적이야—
새로 주문한 기적이야—
(우리 아가의 똥오줌을 받아줄 기적이야)
나는, 나의 환청이 반가워지는 저녁

그로부터 모든 깊어지는 저녁
나의 생각과 말과 행실의 똥오줌을 받아주는
이 저녁의 늠늠한 기저귀들

모두가 시간이야, 내 밑을 봐주고
아직까지 받아내 주고 있는 뒤치다꺼리의
기저귀니, 기적이야
나는 아직 술을 마시는 흰 수염의 아기야

# 햇 접시

고추기름 묻은 붉은 접시를
혼자서 닦는다

접시는 홀로 닦아야 제맛,
무슨 다 아는 비밀을
저 혼자의 비밀로 혼자 닦아서
새로 마음의 선반 위에
얹어놓는 호젓함

그러나 너무 깨끗해진 접시
그 말개진 비밀이 께름칙해
거기 물기가 다 마르기 전
햇빛을
한 접시 받아두는 것이다

거기 구멍이 파이듯
그릇으로 우묵해지려는 허기를
다시 말갛게 펼쳐놓는 것이다

가끔은 그대 그늘이 와서
전생을 보여주듯 손을 얹어
그리운 손금이 파다해지는 접시,
그걸 가만히 가슴의 찬장으로
들이기도 하는 것이다

# 품

한낮이 가기 전에 가을볕 속에 섰다
가만히 서성거렸다
토란잎을 흔들다 온 바람도 같이 서성거렸다
이런 일도 있다
이 할 일 없음이 잠시의 직업일 때가 있다

아파트 현관에 나와
손자를 품에 안고 토닥이는 할머니는
이 우주 안에서
반 평(坪)의 반 평 안을 서성거리며
까까머리 손자를 귀잠으로 이끈다

어떤 내장(內臟)은 진열품 같고
어떤 죄들은 두더지처럼 땅 위로 얼굴을 내민다
반쯤 물들다 떨어지는 잎자루가 긴 칡 이파리들,
팔뚝에 소름이 돋을 때
그대 손길은 얼굴도 없이 와서 사무쳐라

〉
선득한 공기를 흉곽에 들일 때
어떤 신(神)은 말간 홈도 보인다
겨우 닿은 듯 만지면 사라지는 것들,
그대가 거기서 나오라고 나는
이 가을에 말뚝을 박고 밧줄을 묶어 던진다
그대 허리에 감기는 밧줄 소리 아파서 좋아라

## 가을 침대

가을이 넘어가는 문지방에 서 있다
햇살은 미치게 맑은 문장으로 일렁여
나는 내용 없는 처량도 살피고
이목구비가 수려한 사랑도 불러 팔짱을 끼다가
심심하면 가만히 손깍지를 마저 끼고는
바람이 주인장인 들판에서 노을을 봐야겠다

날이 어둑어둑해도
쉬 집으로 돌아갈 맘이 아니 들 때
편편한 바위 위에 나란히 누워보는 것이다
한낮 햇볕이 구들장처럼 덥혀놓은 이 돌침대에서
수수 억년의 맨 첫날을 맞은 눈빛으로
사방의 것들과 신혼 첫날밤을 맞는 것이다
불은 이미 껐으니
모든 그대와 나는 등짝이 따스한 어둠으로 한 몸이라 우겨보는 것이다

수런거리는 들풀들이 돌침대 곁에서

사람들 얘기를 해달라 잠을 설쳐 졸라댈 때면
　나야말로 너희들 노천의 바람 얘기를 들려달라 맞서 조르는
거였다
　이러니 서로 가난한 몸들이 되어 그 팔자를 이불처럼 덮는 것
이다
　그러다 무엇엔가 소스라치게 기꺼워 돌아올 때면
　그 돌침대 위에 풀벌레 낮은 소리로
　새벽이슬이 촉촉이 자러 오는 것이다

## 가을 심장

그땐 송장메뚜기가 튄다 하여도
지금은 콩중이 팥중이가 자갈밭에 튄다
더는 찾을 이 없는 무덤가에 송장메뚜기가 튀면
내일은 눈 밝은 그대가
콩중이 봐라
팥중이 봐라 한다

심장이 더워 그늘진 자갈밭에 누우면
송장도 뛰는데
너는 아직 어느 마음의 그늘로 지쳐 누웠느냐
그대가 자갈밭 걸어오며
빈 도시락 가득 잡은
콩중이 팥중이를 풀어놓는다

이 나라 쓸쓸해진 자갈밭과 산길과 무덤가에
내가 또 사랑을 풀어놓듯
송장메뚜기가 튄다 그러면
밤새 눈물로 웃고 씻고 어둠을 생각해온 그대가

콩중이는 땅에서 헤어졌고
팥중이는 허공에서 만났네
사랑은 각자가 없으니
언제 튀어 올라 한 하늘을 안을지 모르네

## 양철지붕을 사야겠다


다시 양철지붕을 올려야겠다
내게 저 들판 끝에 단독의, 아니 독단으로라도
새로 지붕을 얹을 폐가가 있다면

빗방울이
얼어오는 몸을 부풀려
눈송이로 맘을 띄우는 겨울이 오기 전에

모든 소리에 성감대를 가진
양철지붕을 올려야겠다
상수리나무 갈참나무 신갈나무 너도밤나무 나무란 나무들
갈잎과 솔가리에 얹히는 된서리와 별빛 달빛마저
여줄가리 소리들로 쟁쟁하게 되비추는
거울을 눌러 입힌 양철지붕을 그믐밤 고양이가 거닐 때
그 발자국에서
꽃들이 눌려 퍼지는 소리에 소스라치는 고양이여
겨울에도 한뎃잠을 자다 깬 꽃들이
양철지붕에 꿈속의 비명을 던져 올려도 좋겠네

&gt;

한 무덤 방에 누워
부부가 동짓달 궁금한 입 군것질거리를 구시렁거릴 때
그 소리마저 눈보라에 실려
양철지붕에 내려앉으면 그 말 서슬에 깬 아들이
그날로 때 아닌 제사상을 보는 저녁도 있어
운감하시라
운감하시라
서로 마음 출출한 날이 가장 좋은 제삿날이니

키 높은 옆집 처마의 눈석임물이
양철북을 두드리듯
양철지붕을 두드려 먼가래 한 꽃들의 귀를 부르네

## 새소리를 씹다

자전거 타고
병꽃나무 울타리를 지날 때 더불어
쥐똥나무 울타리를 함께 지날 때
여울을 만난 듯
새소리들 한솥밥을 짓는데

뭔가 잊은 게 있어 그걸 떠올려보느라
새들은 수다가 이만저만이 아니지,
그 해맑음 중에 다 꺼지지 않은 슬픔도 있어서
한두 마디로 끌 수 없는 새소리는 곡(哭),
윽박질러 눌러 앉혀도 고갤 드는 새소리는 창(唱),
한 음절로 여러 허공을 타넘는 것도 창(唱),
겨울이 늦겨울이 되어 두 손으로 제 얼굴을 쓸어내리는 적막도 곡(哭),
햇살에 끓어 넘칠 때 생각의 밑불을 잠시 줄였다 뜸 들이는 것은 다시 창(唱),
이만하면 슬픔도 면(面)이 섰어 곡비(哭婢)에게 쌀자루나 돈푼깨나 쥐어주고 등 두드려 수고했단 말 건네는 것도 아퀴 짓는

창(唱),

  남은 울음이면
  남은 노래를
  여생(餘生) 뒷그루로 심어먹어도 심심하지 않게

  어떤 치렁한 처량한 새소리는 대문니로 선뜻 끊어 먹고
  심줄이 박힌 듯 드센 새소리는 어금니로 씹어 먹는 것도 놀랄 일은 아니지
  더러 내 이름을 비켜 부르는 새소리는
  누군가 먼 땅속에 누워
  내 사랑을 복명복창 했기에
  옆으로 누운 사랑니 바로 세워 지긋이 깨물어도 보는 것이다
  때로 혀로 받아서 굴려 보는 새소리엔
  새의 두개골이 얼얼하게
  그대가 산중(山中)에 절절히 토해놓고 간 말씀의 피, 피, 피

  바람을 세지 않듯

새소리에 창(唱)을 다시 담아둔다
새소리에 곡(哭)을 다시 묻어둔다
그러고도, 이(齒)가 시린 새소리는
다시 오려나

## 비 맞은 자전거를 끌고

집 밖에 매놓은 나의 애마,
전철역 근처에 매놓은 자전거는
흠뻑 새벽비에 젖었다

안장에 드르누운 빗방울들의 노숙(路宿)을 깨워
나는 나도 모르는 곳으로 가려 한다
자전거에 맺힌 빗방울들 더불어
궁색을 모르는 사랑의 외딴 곳으로
바퀴는 저절로 굴러간다
허공을 내리긋던 빗방울들아
이제 수평을 밟는 바퀴를 탄 빗방울들아
나보다 먼저 다녀갔던 그대야
들판에 수런대는 바람의 긴 목덜미를
눈에 넣으러 가야 한다

그대가 눈길 준 대로 애마의 핸들은
새로이 한철 꺾여 가고자 한다

## 시래기 전망


누가 가르쳐 주었을까
겨울은
다발 무에 달린 무청을 잘라
세탁소 하얀 옷걸이에 걸어 올렸다

일찍이
교산(蛟山) 허균은 목이 잘려
서대문 저잣거리에 높이 걸렸던 바
죽어서야
내려다보았을 세상이 바람 분다
대역죄인, 크게 거슬러서야
효수(梟首)로 내다보았을
조망 하나,
하늘 만 평

세탁소 철사 옷걸이에 걸려
무청이 누르스름하게 말라가는 동안
베란다 밖 멀리

호수공원과 안개에 싸인 먼 산과
그 너머에 있을 가려진 또 한 목마름,
내다보고
굽어보기 위해

무청은
땅이 저한테 준 물맛과 초록을 고스란히 말리고
교산은
하늘이 저한테 준 숨탄것과 두동져야 했고

바라보느니
모든 아랫도리들은 내줘야 하느냐고
다 살지 못한
다시 살고 싶은 풍경 하나 부르기 위해
피는 땅으로 쏟고
혼(魂)은 하늘로 풀고

## 밤의 여로

그대에게 어둠은 천진하다
한낮에 빛에 가렸던 말들이
이끼 없은 돌처럼 만져진다 소나무 처진 가지처럼
손을 뻗어 더듬어 잡게 된다

그대는 말로 이별을 고했으나
그대의 몸은 여기 긴 어둠의 연좌에 묶인 맘
나의 지구와 한밤을 밝혀 쓴다

그대와 나는 어둔 허공에 묶여
이 밤의 들판에 술패랭이꽃 하나 흔들리면
우리는 모두 한 꽃의 어둠으로 흔들린다
밤이슬이 내리면 그대와 나의 잠은
이 밤이슬의 슬하에 젖는다

우리는 모두 이 어둠의 묵은 혀처럼
말을 가슴 밑바닥 모서리에 밀어두고
가만히 팔에 돋은 소름을 쓰다듬는다

서로의 부운 발목을 내려다본다
지구의 머리가 피곤을 베개처럼 괴어
모로 눕듯이 돈다

이 어둠은
불가능한 바깥을 내 안에 들일 것,
빛에 헤어진 자들은 이 어둠에 다시 만날 것이다
무지와 몽매와 가난으로도
사랑은 길고 긴 밤의 여로를 흐를 것이다

## 점심(點心)

딸아이가 방학을 했다
나도 오전엔 주로 방학인데
몸은 들판이고 싶고
맘은 바람이고 싶어
가끔 베란다 밖 저편을 기웃거린다
그러나 열두 시가 가까워진다
딸은 점심은 뭐냐고 묻는다
대저 점심이란 뭔가?
나는 허공에 농담을 걸며 웃는다
라면 두 개에 소면(小麵) 한 줌 넣어 끓인다
딸애는 맛있는데 좀 짜다고 한다
세상에 이리 귀가 즐거운 지청구가 있나
스프가 과했나
사랑이 과한 때도 있는가
딸은 면발을 냉수에 헹궈 먹는다
자기 입맛이 분명하다
가르침 없이 몸은 깨닫나니
대체 점심이란 무엇인가?

김치 몇 조각 우적거리고
냉수 한 그릇 비우면 머리꼭대기 위의 해가
까딱 고개를 옆으로 꺾는다
마음이 시장할 때 챙겨먹는 마음이여
사랑이 넉넉한 때가 있었나
늘 모자라는 마음이여
시장기를 속이고 입을 싹 씻은 후에
또 굴러가는 네모진 바퀴여

## 환생

어제는 비바람이 심했다
늙은 버드나무가 놓친
푸르고 어린 생가지들 숲 고랑에 가득하네

그러나 이상도 하지
갑자기 불어닥친 비바람에 꺾인
어린 버들가지들은
그제야 깨어난 푸르름인 듯 오히려 싱그럽고
죽음을 불하 받은 놀라움으로 푸르네

숲길에 누워 있는,
그 어린 버들가지들 총채로 묶어
방금 쌀 한 모금 입에 물고 관(棺)에 든 얼굴을
버들잎으로 고요히 쓸어주면
버들잎 냄새에 코를 움찔움찔
눈꺼풀을 가만 들어 올릴 거 같으네

죽은 자가 미처 살지 못한 하루를

어제의 참혹을 건네받듯
저무는 강가에 어린 버들가지 땅에 꽂으면
강가에 버드나무 살 냄새 풍기며 푸르리라
예전 강물에 빠진 사람들
버드나무 몸속에 이리저리 흘러 다니리라

## 낡은 마룻바닥 밑의 무덤

기별 없이
소스라치는 반가움은
내 우연한 발걸음 밑에 살겠다

나는 복도를 걷는데
틀니를 뽑듯
입에 못을 물고 일어나는 낡은 마룻바닥 밑으로
햇살이
빠진다

더듬어, 마루 밑을 더듬어 내려간
손끝에
변발처럼 돋은 풀들
그 푸른 머리채의 무덤은 누구인가

수많은 발소리와 적막 중에
나를 알아낼 때는,
낡은 나왕목 마룻바닥 한 줄을

시(詩)처럼
튕겨 올리는

봄의 복도가 끝나기 전에
나를 골라낸
낡은 마룻바닥 밑의
무덤은 무슨 물음을 덮고 있나

## 산밤

산기슭 밤나무 밑엔
이미 많은 호기심과 군입들이 다녀갔다
나도 뒤미처 여기 와서는
썩은 밤과 벌레 먹은 것과 쭉정이뿐이어도
간혹 초롱한 밤톨을 주워서는
굴풋하여 입으로 산밤을 까서 먹는다
하나같이 작은 산밤들,
다람쥐와 청설모와 밤벌레의 입에 맞춘
볼우물이 불룩하도록 듬쑥한 사이즈구나
산에 오른 산밤나무꽃과 산벚꽃과 산수국의 꽃을
짐승들 눈망울에 살뜰히 잘 들어보이게
올망졸망 피어나듯이
산밤은
사람의 입 크기가 아닌
저 숲에 사는 녀석들 입에 맞춘
하늘의 사이즈 설계, 그 한입의
소슬한 디자인이었구나

## 산벚나무꽃

이루지 못한 것들을 향해
나는 돌을 던지며 왔다
그것이 너덜길이 되려는데

저기 저만치
드물고 드문 꽃 몇 송이 벌어서
산그늘보담도
산그늘보다 오랜 하늘보담도
한 사랑의 쓸쓸함을 품는 산벚나무,
꽃이 드물어
새들이 앉기 한갓져라

드문 꽃
한 점만 피어도 모두 꽃가지,
마음의 돌 하나만 내려놔도 천상 꽃가지,
무심(無心) 가운데
그대가 오는 것도
천만다행의 꽃가지

## 단풍 낚시

청단풍이었나 천년 은행나무였는가
그 처음의 연두를 굴리고 굴려 여기까지
눈부신 입질을 부르듯
햇빛과 비바람의 봄여름을 나무마다 배어놓고
기다림도 가을의 말간 침묵 속에 드리웠는데
드디어 저 밑밥 자자한 단풍나무 가지마다 시뻘건 군침이 오르도록 말이지
샛노란 역류의 환상도 있었던 게야
아니나 다를까
저 무심에 무심을 더해 청처짐한 가지에 환장할 빛깔들을 보자고
이 나라 나이깨나 물들여온 늙은 청춘들
드디어 입질을 시작하듯
금강산에서 설악으로 속리산 내장산 한라산으로 번져
우리 동네 뒷산 자락까지 삭신이 쑤셔도 마중 나가는 거지
구들데께 뒷방 신세도 털어버리고 봉충걸음 중풍 든 반편이도 지팡이 앞세워 나가는 거지
밥을 주나 술을 내나 떡을 주나

그래도 저 불을 활짝 켜든 나무들의 물, 천수(千手)를 맘에 들이러
김밥을 싸고 술을 받고 떡을 사서
올해 바라고 내년 뜨더라도 마지막 홍청을 열러 가야지
저 환장한 빛깔의 고요는
내미는 족족 영원(永遠) 가는 눈도장을 찍어주기에
이 나라 절간의 부처님도 교회 하느님도 나머지 슬쩍 엉터리들도
가만 문밖 산천이 드리운 단풍 낚시에
가만히 코가 꿰이고 눈까풀이 씨이고
영혼 어느 구석이 들쑤셔
지난해 막춤 추던 버스에 울긋불긋 아가미 뻐끔거리며 올라타게 되지

# 구름들

면천(免賤) 받았다
만면에 웃음 머금은 노비들처럼
대갓집 대문 가슴 펴고 열어젖히듯
그대 면천 받은 첫걸음이듯이
어디로 갈까 사방 휘돌아보는 호기심이듯이
우리는 낱낱이 어디로 갈까
광야의 문턱을 막 넘어선 바람이듯이
소스라치게 놀란 사랑의 눈동자
거기 어쩌지 못하고 담긴 저녁의 황홀
아, 춥고 덥고 서늘한 입성들
제 입은 옷 선뜻 가난뱅이에게 던져주고
맨살 어깨에 돋는 소름을
가만히 쓰다듬는 손마저 머얼리 광야 끝의
낮은 하늘 한 임자에게 불려가고
입을 다문 채 입을 벌리는 웃음들
사방으로 번져내고 있는 당신은
스스로 면천 받았다 나로부터
당신이 뭉게뭉게 피어오르고 있다

# 로드킬

너구리는 너구리를 버렸다
살모사는 살모사를 깔아뭉갰다
고라니는 고라니를 돌려세웠다
삵은 삵을 뱉었다
청설모는 청설모를 벗었다
에미 애비도 새끼도 몰라봤다

이렇게 낯익은 소리를 하는 게 아닌데
이렇게밖에 굴길 수 없는
너희와 나는

길과 길의 싸움을
어떻게 말릴 수 있을까
생각하는 사이에도
여전히 길에
치였다

해설

# 음양오행의 교향을 청음하는 무심결의 시학

장은석(문학평론가)

## 번지는 소리를 따라서

  한 편의 시는 쓰이는 동시에 들린다. 마치 한 곡의 음악이 그렇듯이 때때로 시는 무심하게 우리의 귀에 스민다. 시의 언어가 품은 소리의 자질은 미처 그 의미를 파악하기도 전에 우리의 내부로 흘러들어 몸과 마음을 휘감는다. 유종인의 시는 무엇보다도 시가 들린다는 사실을 체감할 수 있게 만든다.
  오늘날 어떤 시인들은 언어를 더 음악적인 상태로 몰아넣기도 한다. 그들은 때때로 한 개의 단어를 마치 악보 위의 음표처럼 다룬다. 감각하는 주체의 위력이 한껏 극대화한 이들의 시도는 의미의 저편, 사람의 사유가 닿을 수 없는 불모의 지평을 향한 안간힘을 보여준다. 이런 노력들은 가끔씩 놀라운 지경에 이르기도 하지만 공허한 소음에 머물고 마는 경우도 적지 않다.

유종인의 시는 이러한 극단적인 경우와는 분명한 거리를 두고 있다. 그의 시를 읽으면 우선 시각에 포박되어 있던 사물을 향해 귀가 열린다. 나아가 온몸의 세포 하나하나가 세계의 크고 작은 파동에 얼마나 섬세하게 반응하는지 느낄 수 있다. 시인은 결코 사물을 지우고 언어만으로 세계를 구성하려고 시도하지 않는다. 그의 시에서 망막에 맺히는 빛의 일렁임과 소리의 진동은 함께 반응한다. 그의 시는 이와 같이 긴밀한 조응의 과정에 놓여 있다.

> 소나무숲 가까이 막 어두운데
> 처음 듣는 새소리가 허공에 돈는다
> 무슨 감정의 열매를 먹었기에
> 빛도 어둠도 반쯤 물린 데 번지는 소리의 돌,
> 그 새가 소리 한 수를 두고 사라지니
> 나는 내내 장고(長考)에 빠져 골똘해지는 돌,
> ―「저녁의 포석」 부분

허공에 새소리가 울린다. 낯선 새가 내는 소리가 막 어둠이 깔리기 시작하는 숲으로 번진다. "돋는다"는 말은 일단 낮게 깔리는 어둠 속에서 공중으로 솟아오르는 기운을 느낄 수 있게 만든다. 적막에 휩싸인 숲의 저녁 공기는 이런 식으로 활기를 얻는다. 그런데 '울린다'나 '퍼진다'와 달리 '돈다'는 말은 다른 상상이 가능하게 만든다. "무슨 감정의 열매를 먹었기에"라는 표현은 '감정이나 기색 따위가 생겨나다'라는 '돌다'의 다른 용례와 연결되는 것이다. 그저 단순한 새의 소리는 이처럼 시어를 감돌면서 놀라운 자질을 지닌다. 귀로 흘러든 소리는 피부에 소름을 돋게 만들고 나아가서 이상한 감정까지 이어진다.

  철학자들은 나무가 쓰러질 때 듣는 사람이 아무도 없을 경우에도 소리를 내는지 질문을 던진다. 사람이 없다고 해서 소리가 나지 않는 것은 아니다. 나무는 수많은 숲의 생물들의 귓전에서 쓰러진다. 철학자들은 그 소리가 각각의 동물들에게 전혀 다르게 들린다는 사실에 주목한다. 음향을 연구하는 사람들은 이것을 감각 기관의 문제로 접근하지만 그렇다고 해서 그들도 그것이 심리로부터 완전히 벗어나 있다고 취급하지는 않는다. 소리가 단순한 진동과는 달리 마음의 영역과 깊은 관련을 지니고 있다는 사실은 생물학에서도 가장 주목하는 사실이다.

  시의 언어는 우리 곁에서 이러한 사실들을 단번에 느낄 수 있도록 도와준다. "빛도 어둠도 반쯤 물린 데 번지는 소리의 둘"이라는 부분에서 귀에서 피부로, 피부에서 단순한 감정을 거쳐 깊은 마음으로 미끄러지는 소리의 움직임과 마음의 결을 함께 느낄 수 있다. 빛과 어둠, 동적인 새와 정적인 돌은 이런 식으로 맞물리면서 차분하면서도 무겁고, 단순하면서도 복잡한 사람의 골똘한 마음의 움직임을 포착한다.

시인은 풍경을 응시하며 묘사하기보다 마음의 작용과 반응하는 소리에 누구보다 민감하다. 실제로 시집의 거의 모든 갈피에서 다채로운 소리가 들린다. "까마귀 소리"(「새들의 시간표」)에서부터 "파도 소리를 듣는 망자들"(「소나무와 무덤과 잔디 씨」)의 모습까지, 거대한 "사월 천둥소리"(「천둥과 밥」)에서 살짝 "허리에 감기는 밧줄 소리"(「품」)까지. 시인은 "허공에 구첩반상을 차려도 넘치는 소리의 가짓수"(「새들의 시간표」)에 하나씩 귀를 기울이고 나아가 그것을 입안에 넣고 '지긋이 깨물었다가 씹고 끊어 먹'(「새소리를 씹다」)기도 한다. 이 과정에서 사물들은 교향(交響)하며 섞인다. 그저 악기에서 빠져나오는 공기의 진동이 음악이 아니듯이 전혀 어울릴 것 같지 않은 대상과 생각과 개념이 조금씩 어우러지며 울리는 관계의 맥락이야말로 단순한 단어와 문장을 비로소 시가 되도록 만든다. 유종인은 이런 식으로 한 편의 시가 쓰이면서 들린다는 것을 우리에게 증명한다.

**무심결의 발걸음으로**

허공을 울리는 새소리를 뒤로하고 시 속의 '나'는 더 깊숙한 숲으로 들어간다. 시 속의 '나'는 숲을 변형하고 그것을 정복하려는 시도 대신 방랑자의 발걸음으로 숲의 이곳저곳을 지난다.

조심스러운 걸음과 고요한 침묵 속에서 미세한 소리의 감각은 더 살아난다.

> 내 왼편엔 호두나무가 내 오른편엔 붉나무가 있다
> 그리고 나는 박쥐나무를 바라고 섰다
> 저들은 모두 내 편인 적 없는 무심한 측근들,
> 계곡엔 아직 물소리가 가물고
> 참나무 줄기에 거꾸로 달린 청설모처럼
> 그대의 호기심 찬 눈빛도 아득한 것이 되었다
> 나는 한때 큰 말을 찾았으나
> 직박구리들의 수다조차 잠재울 말이 없어
> 내 몸은 가끔 몇 십 근의 침묵으로 걸어다닌다
> ─「숲의 방랑자; 나의 측근들」부분

'나'는 나무들 사이를 무심하게 걷는다. '나'는 박쥐나무를 '바라고' 서 있지만 나무들은 언제나 "내 편인 적 없는 무심한 측근들"로 남아 있다. '보다'는 말의 자리에 있는 '바라다'는 "무심한 측근들"에 관한 '나'의 마음을 대조적으로 드러낸다. '바라다'는 말에는 '보다'는 뜻과 함께 원하고 바라는 마음들이 함께 포함되어 있기 때문이다.

정면으로 바라며 욕망하지 않으면서도 언제나 무심하게 곁의 가까운 곳에 있는 나무들로부터 '나'는 '큰 말'과 '침묵' 사이의 거리를 느낀다. 사람이 나무와 같이 모든 집착과 번뇌로부터 완전히 벗어날 수는 없다. 그렇지만 침묵의 간격 속에서 커다란 말에 묻혀 들리지 않던 소리들이 돋기 시작하는 것을 느낄 수 있다. 강렬한 욕망에 가려 느낄 수 없던 희미하고 아득한 감정으로 더 바싹 다가갈 수 있게 된다.

편애에 관한 시인의 감정은 「벼루를 놓치다」에서 잘 알 수 있다. "먹 대신 묵액(墨液)이 대세인 세상에/벼루는 본차이나 이 빠진 접시라도 상관없지만/이상하게 벼루는 벼루였다/눈에 안 들면 아무리 고가(高價)라도 무일푼,/한 푼어치의 사랑도 매겨질 수 없으니/내 눈독은 백치, 내 눈길은 색맹이 완연하다"와 같은 부분에는 일단 눈독들인 것에 관한 지극함이 가득하다. 그렇지만 마음에 드는 벼루 한 짝을 얻고 나서도 욕망은 가라앉기는커녕 또 다른 곳으로 향한다. "아, 그러고도 내 사랑은 협곡처럼 깊어져/더 기이한 소리와 빛깔의 몸들을 찾았"다는 고백은 이런 정황을 잘 보여준다.

      숲가의 저 나무들
      고요를 격동시키는 잎잎의 수런거림들
      하나의 흔들림 속에
      천수(千手)가 넘나든다

      나무는
      유심함을 다 알아버린 무심결이다

―「나무」 전문

 '유심'이나 '무심'과 같은 말이나 '천수(千手)'를 고려할 때 불교의 개념과 사상을 떠올리는 것은 자연스럽다. 실제로 유종인의 시에는 불교를 포함하여 와카나 렌카의 시론이나 태도와 연결되는 지점도 보이며 나아가서 주역과 같이 더 넓은 동양적 사상의 맥락도 엿볼 수 있는 지점이 있다. 그렇지만 '돋는다'와 '바라다'의 예에서 알 수 있듯이 그가 쉽고 투명한 우리말을 발굴하여 그것으로부터 다양한 감각과 맥락을 만드는 정교한 과정에 주목하다보면 굳이 그런 개념에 기댈 필요가 없다는 사실을 충분히 알 수 있게 된다.
 마음이 없다는 말은 과연 가능한가. 집착을 비우고 일체의 욕망으로부터 벗어난 상태라고 이야기해도 별로 달라지는 것은 없다. 그런 상태는 사람이 접근할 수 없는 영역의 꿈에 불과하다. 오직 종교의 편에서만 설명이 가능하다. 반대로 사람이 아무리 정교하고 치밀하게 풍경을 그린다고 해도 마음의 움직임을 전부 포착하는 것은 불가능에 가깝다. 마음의 깊은 자리에 도달하려는 사람의 생각은 말로 결집되지만 그런 용어들은 만들어지는 순간 이미 정확한 의미를 잃는다. 생생한 감각과 맥락을 잃고 추상의 지경으로 내몰리기 때문이다.
 "무심결"이라는 말은 유종인 시가 지닌 매력의 중심에 놓인다. 허공으로 번지는 새소리를 따라 무심하게 곁에 늘어선 나무들 사이를 걸으며 '나'는 복잡한 마음의 움직임을 느낀다. 침묵의 고요가 깊어질수록 오히려 잎의 수런거림은 더 크게 들린다. 그렇지만 어떤 목적에서 벗어나 무심한 상태로 나무들 사이를 거닐지 않으면 그 작고 미세한 소리는 들리지 않는다. 시는 우리가 이처럼 고요함 속에서 격동하는 리듬을 느낄 수 있게 만든다. 거대한 것과 작은 것, 복잡한 것과 단순한 것, 엉킨 마음과 텅 빈 마음이 하나로 연결되어 함께 작동한다는 사실을 체감할 수 있도록 우리를 이끈다.

유종인 시의 "무심결"은 결코 해탈이나 초월과 같은 정신적 경지나 마음의 상태를 이르는 말이 아니다. 그것은 "새벽 잠귀를 불러내는/소낙비 소리"(「산매(山梅)」)와 같이 잠든 감각을 깨우는 순간이다. 사랑이라는 개념을 둘러싼 마음의 지도를 헤매다가 "그대 등 뒤로/무심코 빗 하나를 넘겨받아/복숭앗빛 뺨의 시간을 빗어주고 싶"(「태풍과 머리카락」)은 마음이 깃드는 순간과도 같다.

## 끝없는 망설임을 품은 채 보폭을 고르며

불완전한 사람의 말은 고정된 몇 개의 개념 안에서 맴돈다. 사람의 말과 언어가 미묘하면서도 복잡한 마음의 무늬를 그리지 못할 때 좌절은 더 깊어질 수밖에 없다. 시의 언어들이 만드는 맥락과 리듬은 딱딱하게 굳은 말의 한계가 지닌 틈 사이에서 진동한다. 의미의 한쪽 편에 요지부동으로 앉은 말들을 뒤흔들고 깨워서 설명할 수 없는 감정들에게로 인도한다.

유종인의 시에서 '무심결'은 '마음이 없다'거나 '마음이 텅 비었다'는 식으로 이해해서는 곤란하다. 차라리 이것은 '무심하다'는 말보다는 오히려 '무의식'이라는 말에 더 가깝다고 할 수 있다. '무심결'은 어지러운 마음속 끝없는 망설임과 고요한 침묵의 고독 사이를 배회하던 사람이 문득 만나게 되는 순간이다. 시인은 알 수 없는 감각이 집결하여 하나의 몸을 이루는 그 순간을 놓치지 않기 위해 목소리를 낮추고 세계와 사물의 변화에 주의를 기울인다.

> 나는 나무의 오랜 흉내 같았다
> 어디쯤에서 나는 손을 떼야 할지
> 우리는 어느 때에 슬픔을 풀고
> 어느 쯤에서 흉내뿐인 사랑을 놓아야 할지
> 나무도 나도 서로 망설였다
> ―「연리지(連理枝)」 부분

연리지는 서로 다른 나뭇가지가 맞닿아 결이 통하여 함께 자라는 것을 이른다. 그렇지만 이 시에는 정작 함께 얽히는 순간에 대한 찬양보다 그렇게 되지 못하는 안타까움과 그렇게 될 수 없다는 것을 알면서도 흉내만 내고 있는 사람의 망설임이 더 간절하게 드러난다.

고요한 망설임의 시간이야말로 무심결의 시학을 이해하기에 적절하다. 우리의 일생은 무언가의 흉내에 머무는 경우가 많다. 다른 사람의 사랑에 비추어 사랑에 관한 관념을 끼워 맞추거나 만연한 가치에 떠밀려 생의 패턴을 결정하는 경우가 얼마나 많은가. 우리는 이처럼 관념화된 대상, 텅 빈 지점을 향한 욕망에 끊임없이 이끌리고 휘둘린다. 어느 순간 손을 떼야 한다는 사실을 알고 있으면서도 어쩔 수 없이 계속 모습을 바꾸는 욕망에 시달리는 것, 그런 끝없는 망설임 속에서 무심결의 순간이 도래한다.

> 호두나무는
> 고소한 생각들을 고르고 있다
> 허무를 웃길 만한 익살과 입담을 골라
> 생각의 가지마다 한 주먹씩 재미를 쥐고 있다
> 뇌의 주름이 많은가 슬픔이 자주 골탕을 먹을 만하다
> ―「나무 인상 사전」 부분

무심결의 순간이 도래하기를 기다리는 자세는 의지가 없는 상태와 다르다. 그것은 단지 계속 모습을 바꾸는 욕망으로부터 거리를 둔 채 억지를 부리지 않는 태도와 가깝다. "고소한 생각

들을 고르고 있다"고 표현되는 호두나무를 보라. 사람의 뇌를 닮은 단단한 껍질 안의 과육은 슬픔이나 골탕과 함께 익살과 웃음을 지니고 있다. 유종인 시의 대부분은 이처럼 조용히 세계의 작용에 감각을 열고 흔들리는 몸과 마음의 반응을 살피며 기다리는 자취로 가득 차 있다.

"허공의 빛을 살뜰하게 물리친 때깔로/검고 단정하게 앉아있"(「까마귀」)는 까마귀나 "사랑의 동굴을 놓친 노숙자"(「박쥐」)로 묘사하는 박쥐의 초상은 이러한 시 속 '나'의 자세와도 닮았다. "고요의 손"(「돌 밑의 손」)을 지닌 이 화자는 이제 "나는 헛말이 아닌/잔잔하게 흔들리는 속엣말로 부리리라"(「잔챙이 토란」)고 고백한다.

'나'는 지금 "다소곳이 햇살과 바람 속에/천천히 오지 않는 말〔馬〕을 기다리듯/가만히 흔들"리면서 "여름의 빛과 바람을 데려다 놀"(「버드나무에게로」)고 있다. 그렇지만 여름의 놀이와도 같은 미세한 움직임의 배후에는 격동의 힘이 자리하고 있다. "나의 여름은 물총으로 대기한다"라는 말로 시작하는 「물총」은 "그대 무릎을 쏘아 적시고/그대 뺨을 쏘아 목줄기를 타고 가슴골로 모이는/한때 사랑의 격류였던 물의 서늘함"을 품고 있다. '대기한다'는 말은 확실히 무심결의 순간을 더 잘 이해할 수 있게 도와준다. 시 속의 '나'는 지금 무심하게 대기 중이다. 억지로 목적지를 향하지는 않지만 헛된 생각과 불분명한 마음의 자취들이 "앵두 빛깔로 익을 때까지" 보폭을 늘였다가 줄이며 만

물의 변화와 흐름에 몸을 맡긴다.

보폭의 변화는 단선율로 흐르는 말에 리듬을 극대화한다. 시인은 음량을 조절하는 방식을 통해 단순한 멜로디를 자극하면서 다채로운 리듬의 변화를 만드는 방식을 자주 활용한다. 「물총」에 드러나는 격류의 흔적의 반대편에는 「가뭄」의 그림자가 드리워져 있다.

  하루만에도 키가 준다
  물 좀 다오,
  그림자가 일어나 손을 내밀 듯이

  이런 날에는 유난히 다 큰 난쟁이가 태어난단다
  하느님의 슬픈 아이들,
  스러지는 곡마단으로 걸어가
  소리 나지 않는 웃음을
  얼굴에 그리며 우는 난장이들,

               —「가뭄」 부분

물기가 바싹 마른 답답한 상황을 짧아지는 그림자와 키로 형상화하고 있는 이 시는 이와 같은 묘사도 재미있지만 그 내부의 소리의 감각이 최소화되고 있다는 점이 더 놀랍다. 격류가 뿜어내던 소음의 볼륨은 그림자가 줄어들 듯이 점점 낮아지고 짓눌리다가 마침내 난쟁이의 "소리 나지 않는 웃음"과 같은 부분에

이르면 완전히 소거되고 만다. 밝은 태양이 저물고 따뜻한 기운이 사라지며 양(陽)과 음(陰)이 교차하는 순간을 시인은 여러 시편들 속에서 마치 아날로그 오디오의 볼륨을 조절하듯 자연스럽게 다룬다. "천둥이 치는데/나는 지하 쉼터에 내려가 저녁밥을 먹겠네"라는 말로 시작하는 「천둥과 밥」도 마찬가지다. 천둥이 치는데 밥을 먹는 별다를 것 없는 일상의 현장은 "천둥의 북채와 내 손의 수저를 맞바꾸고/오늘은 내가 밤 깊도록/그대 집 뒤란에 잠든 돌들을 꽃으로 깨우겠네"와 같은 부분에서 근사한 리듬으로 바뀐다. "약골의 역사"(「역사(力士)」)인 시인은 이런 식으로 거대한 천둥소리와 나지막한 적막 사이의 리듬을 조절하며 무심결의 순간을 계속 기다린다.

## 하모니를 이루는 순간을 향하여

시인의 발걸음이 지닌 속도와 폭의 차이에서 리듬이 생긴다. 이 리듬 속에서 너무 크거나 작아서 잘 드러나지 않던 세계의 사물들은 함께 유동하기 시작한다. 이런 흐름은 터질 것만 같은 마음의 격동과 알아차리기 힘들 정도로 미미한 변화들이 섞이며 서로 반응할 수 있는 여지를 마련해준다.

한편 시인의 발걸음 속에서 계절이 흐르고 그 속에서 생성하고 변화하며 자라고 사그라지는 시간이 응축된다. 시간의 저편

먼 곳에서 가물거리던 기억은 오늘 지금의 순간으로 생생하게 당겨진다. 음량 조절의 리듬 속에서 음양과 오행의 변화들도 빨라지고 느려지는 것이다. 시집의 갈피에는 산매화가 피는 봄의 정경부터 물줄기들 가득한 여름을 건너 초가을의 청시와 늦가을의 낙엽들과 한겨울의 폭설들까지 다양한 시간이 자연스럽게 흐른다. 나무[木]와 물[水]이 함께 어우러지다가 "흙[土] 속에 말라버렸을 씨앗"(「대지의 등을 긁게 되다」)의 기운으로 모이기도 하고 다시 "불[火]길의 얼굴"(「물집」)을 거쳐 금[金] 속성의 "양철지붕에 내려앉"(「양철지붕을 사야겠다」)기도 한다. 시인은 발걸음을 따라 이들의 만드는 소리의 리듬에 가만히 몸을 맡긴다. 바꿔 말하자면 유종인의 시는 이런 소리의 리듬 가운데서 태어난다.

> 세상에 나와 맞는 게 정말 있을까
> 때 아닌 걱정을 하게 됐을 때
> 전통 정원 뒤편의 대숲이 눈에 들어찬다
> 바람에 비스듬히 누웠다
> 다시 일어서는 푸르른 마디들
> 뿌리에서부터 마디의 간격은 넓어진다
> 그중에 내 손 한 뼘에 딱, 맞는
> 대나무 마디도 있으리라
> 나의 한 뼘과 대나무 한 마디의 그 맞춤을
> 수평선이라 부를까

>지평선이라 부를까
>하늘과 땅, 하늘과 바다
>서로 마음이 몸을 포개오는 마중을
>기다려온 그대여
>내 말 한 마디에 온 마음이 열리는 속도여
>느리지도 빠르지도 않은
>아무 섭섭할 거 없는 세월의 눈총이여
>―「궁합」 전문

 이 시는 지금까지 언급한 유종인 시의 특징을 거의 모두 담고 있다. "세상에 나와 맞는 게 정말 있을까"라는 복잡한 마음의 질문으로 시작하는 이 시 속의 화자는 바람에 비스듬히 누운 자세로 대숲을 바라본다. 오직 각기 다른 대나무들 사이로 부는 바람과 그것이 흔들리며 내는 다양한 소리에 가만히 몸을 맡길 뿐. 흔들리는 대숲과 진동하는 마음이 섞이는 와중, 그 무심결의 순간에 "나의 한 뼘과 대나무 한 마디의 그 맞춤"이 떠오른다. 의미의 지평 너머에서 비로소 구체적인 리듬을 지닌 하나의 몸이 육박한다. "서로 마음이 몸을 포개오는 마중을/기다려온 그대여/내 말 한 마디에 온 마음이 열리는 속도에"라는 시의 핵심 구절은 기다리는 자세와 속도의 변화 그리고 몸과 마음이 함께 섞이는 순간이라는 유종인 시의 중요한 자질들을 그대로 지니고 있다. 이러한 순간에 하늘과 땅과 바다, 광활한 우주는 하나의 시간으로 모인다. 늘어선 단어들은 문장의 구조와 갖가지 복잡한 비유의 원칙에서 빠져나와 새로운 현상이 된다.

이제 "모든 소리에 성감대를 가진/양철지붕을 올려야겠다"는 시인의 다짐을 다시 살펴보자.

> 거울을 눌러 입힌 양철지붕을 그믐밤 고양이가 거닐 때
> 그 발자국에서
> 꽃들이 눌러 퍼지는 소리에 소스라치는 고양이여
> 겨울에도 한뎃잠을 자다 깬 꽃들이
> 양철지붕에 꿈속의 비명을 던져 올려도 좋겠네
>
> 한 무덤 방에 누워
> 부부가 동짓달 궁금한 입군것질거리를 구시렁거릴 때
>
> (…중략…)
>
> 키 높은 옆집 처마의 눈석임물이
> 양철북을 두드리듯
> 양철지붕을 두드려 먼가래 한 꽃들의 귀를 부르네
> ―「양철지붕을 사야겠다」 부분

양철지붕 아래 누운 사람을 떠올려보자. 시인의 궁합은 단순히 우연의 소산이 아니다. 정해진 사주에 따라 사람의 운명을

나누는 일방적인 계산법과도 전혀 다르다. 그것은 "말간 근심과 엇갈리는 연애의 기척들"(「붉은머리오목눈이」)이 함께 몸을 부비며 내는 소리와도 같다. 시인은 지금 자신의 시에 양철지붕을 얹고 고양이의 발자국과 꽃들의 퍼지는 소리와 꿈속의 비명소리에 모든 감각을 열어놓고 있다. 그는 우리를 어디로 데려가려 시도하지 않지만 그의 시를 읽으면서 우리는 마치 양철지붕 아래 누운 것처럼 쌓인 눈이 속으로 녹아서 흐르는 소리를 함께 들을 수 있다. '너'와 '나'와 세계의 무수한 사물들이 함께 녹아 흐르는 리듬을 체감할 수 있다. 그러니 이제 더 천천히 주의 깊게 귀를 기울이자. 하모니를 이루는 무심결의 순간을 향하여.

이 도서의 국립중앙도서관 출판시도서목록(CIP)은 서지정보유통지원시스템 홈페이지
(http://seoji.nl.go.kr)와 국가자료공동목록시스템(http://www.nl.go.kr/kolisnet)에서
이용하실 수 있습니다.(CIP제어번호: CIP2015031402)

시인동네 시인선 040

# 양철지붕을 사야겠다

ⓒ 유종인

| | |
|---|---|
| 초판 1쇄 인쇄 | 2015년 11월 20일 |
| 초판 1쇄 발행 | 2015년 11월 25일 |
| 지은이 | 유종인 |
| 펴낸이 | 고영 |
| 책임편집 | 이현호 |
| 디자인 | 헤이존 |
| 펴낸곳 | 문학의전당 |
| 출판등록 | 제311-2012-000043호 |
| 주소 | 서울시 은평구 연서로11길 7-5 401호 |
| 편집실 | 서울시 마포구 마포대로 127, 413호 (공덕동, 풍림VIP빌딩) |
| 전화 | 02-852-1977 |
| 팩스 | 02-852-1978 |
| 블로그 | http://blog.naver.com/mhjd2003 |
| 전자우편 | sbpoem@naver.com |
| ISBN | 979-11-5896-012-4  03810 |

*이 책의 판권은 지은이와 문학의전당에 있습니다.
*양측의 서면 동의 없는 무단 전재 및 복제를 금합니다.
*잘못 만들어진 책은 바꿔드립니다.
*이 시집은 한국출판문화산업진흥원 2015년 우수출판콘텐츠 제작 지원
 사업 선정작입니다.